# El listón

Lada Josefa Kratky

Fotografías por
Fernando y Barbara Batista

HAMPTON-BROWN BOOKS
FOR BILINGUAL EDUCATION

*Quien sabe dos lenguas vale por dos.*®

Me pongo el listón
en la cabeza.

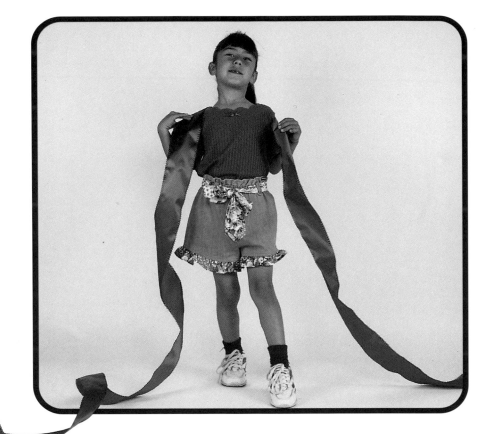

Me pongo el listón
en los hombros.

Me pongo el listón
en la cintura.

Me pongo el listón
en el dedo.

Me pongo el listón
en las piernas.

Me pongo el listón
en la rodilla.
¡Qué maravilla!